JN437150

지팡이

지팡이

| 박희익 제11시집 |

창 너머 수많은 아파트 불빛
가슴에 모조리 담아 시(詩)를 쓰리다

도서출판 천우

● 시인의 말

시(詩)는 솔직합니다. 거짓말이 아닌 가슴에 숨어 있는 언어를 나 혼자만 간직하지 않고 밖으로 품어내는 옥과 같이 쓰고 끄집어낸다는 것이 갈수록 어려워집니다.

벌써 열한 번째 시집이 태어나게 되었습니다. 여러 가지 미흡한 내용이 많은 줄 알고 있습니다. 동대 움막에서 글을 쓰고 때론 작은 작물도 가꾸며 바쁘게 생활하다 보니 제대로 쓴 시(詩) 하나 없고 어중잡이가 되어 부끄러운 마음입니다. 그래도 하고픈 말 졸작으로 내려놓으니 마음 가벼워집니다.

아무렴 다음, 다음 좋은 글 하다 여기까지 왔으니 많이 충고하여 주시고 어디까지 갈지는 모르나 미흡한 지팡이로 저를 아껴주시는 문인 선 · 후배님 감사드리고 항상 반복하는 말, 열심히 노력하겠습니다. 끝으로 김천우 대표님, 윤지훈 사무총장님과 직원 여러분 고맙습니다.

2016년 6월

幹谷 박 희 익

제1부

천고의 계절

제2부

사랑 예찬

제3부

무게

제4부

조개와 학(鶴)

제5부

가야

제1부

천고의 계절

들깨

씨앗을 뿌리며

모판을 만들어 파종하고
여리고 귀여운 싹 웃음꽃 지나간다

비 오는 날 정성 들여 이식하는 손놀림
온몸에 전율 느낀 푸른 싹이 자라네

떠나온 고향 정들면 타향도 고향이려니
이웃 괴롭히는 나쁜 풀을 뽑으니

어설픈 농사꾼 생각보다 수확 많아
노력한 보람 크다

감과 사과

감과 사과는 봄부터
수확을 할 때까지
어린애 다루듯
무한히 손질한다

혹시나 아플까
김매고 약 치고
사랑으로 보살펴

내내 살핀 애정
수확 때 상처 날까
조심조심 과일 딴다

대봉 감

연약한 가지
주렁주렁 매달린
붉고 큰 대봉 감

탐스러움에 반해
뿌듯한 향내
가슴 깊이 스며온다

하얀 서리 내리니
푸른 잎 마르고
앙상한 나목 오기 전

그림처럼 매달린
잘 익은 대봉 감
수확을 해야지

지팡이

평생
의지하고
짚고 다니다 보니
함께 늙었다

처음엔 반려자로
나를 따라다녔지만
이제 내 몸의 일부
단 하루도 없으면
어쩔거나

생각만 해도
가슴이 막혀오는
가없는 동반자

오늘 하루도
살아 움직이고
무사하기를
오늘은 영원한 오늘

대추

가시가 있는 나무 크지 않는다고
가시가 있어도 크게 자라고 여물다

늦봄 흰색 작은 꽃이 피면
벌들이 날아와 작은 꽃잎 파고들어
꽃가루 물고 다니며 수정하네

대추나무는 크고 가시에 찔리면
매울 정도 온몸이 아프고 시리다

꽃이 지고 나면 작은 열매 귀엽다
녹색의 대추 추석 때 즈음이면
색깔이 변해 붉은색으로 익어

차례상에 제일 먼저 올라
절을 받는 호강도

해마다 되풀이되는 삶
막대로 수없이 얻어맞아
떨어지는 붉은 열매

들깻잎

하릴없으면
온천지 다니지 말고
고향 가 호미로 흙 골라
들깨나 심어 보렴
자랄 때 기분이 어떠한지
땀 흘려 지은 작물
수확할 때 기분
어이어이
고향 가서
들깨 한번 심어 보라

천고의 계절

나이 먹은 가을 하늘
계절은 속절없이 지나고
산강(霜降) 마중 나간 잎
오색 잎 쓰다듬어
수줍은 얼굴 반긴다

화사(花蛇)가 지나간
영양 봉화 넘는 재
구주령(嶺) 잎들 얼굴 붉힌
아기자기한 산세
아름다운 산수(山水)

몸과 마음 흐르는 전율
발아래 펼친 운해 솟은 봉(峰)
꼬불꼬불한 도로

수확하지 못한 고추 노란 콩
가는 곳마다 달라지는
아름다운 강산 반하지 않을까?

부석사 길목 진열된
열일곱 소녀 뺨 같은 사과
깨물고 싶다 내 마음

가을비

덕대산* 허리 안개 감아 돌면
비가 온다고
움막 앞 도로 자동차 소음

좋을 때도 짜증 날 때도
한 줄의 시(詩)를 주니

움막에 비 떨어지는 소리
난타 공연이 떠오르다

가을비
능소화도 심었다

호두나무도 상사화도
비 오니 잘 살겠지

* 덕대산 : 밀양시 초동면 성만리 구령 뒷산. 신라시대 금관가야를 내려 보며 감시하던 곳.

가을

온 산 울긋불긋
잉태한

이
가을

저편 산
딸처럼 웃고 있다

오늘 눈부시게
색색 변한 산

붉고 노랗게
취해

비틀거린다

단풍

온몸에
멍이 들었다
노란 갈색 빨간색
겨울옷 준비 바쁘다

각각 다른 옷으로 뽐내다
눈물지으며 이별하는 날
지나는 바람 붙잡고

천지 사방 울어대는
갈까마귀 노래로 날겠지

맨살에 동지섣달 뼈저린 살
속속 파고드는 한파
어찌 맞을까 어찌

부엉이

달빛 사이로
봉창을 밀치며
2015년 10월 30일

달 밝은 송전탑 위에
오랜만에
부엉이 데리고 온 달빛

아련한 추억을 되새기며
정겨운 달빛 선율을 타고
뒤척이는 움막의 밤은 길다

가을이 멀어져 감을 알리고
겨울 부르는 차가운 저 소리
부엉 부엉 부엉 잠이 든다

동대 움막

찡한 마음
허전함이 찾아오는
외딴 동대 움막

모자람 많지만
아무도 오지 않고

검은 밤
봉창에 비쳐오는
자동차 불빛

소쩍새 울다 가고
뒤척이며 잠 이룬 밤
아침 해가 깨울 때까지

해

이놈은 떴다 하면
도망가기가 바쁘니
이 일 어쩌지

바람 불어도
대물 빠지게 달아나고
자연은 톱니처럼 돌아

낙엽은 발을 절고
더러운 주인
조랑말 억지로 달린다

내 가슴 도라지 한 포기
바람에 흔들리면
아스라한 추억만 남는다

이별의 길목

푸르게 누르게 살다가
비명을 지르다 짓밟힌 낙엽

비 오든지 바람 불든지
하늘을 원망 않고

차라리 냇가에 떨어졌다면
흘러가는 물이 되어 바다로 갈 텐데

어쩌다 기구한 운명으로
나뭇잎으로 나왔을까?

수변에 연정 품은 붉은 노을 잡으려
또 하나 정을 두고
청둥오리 날아가네

변신

광야에서
누르고 푸른 제복
갑옷 입고 위용 부리며
투구에 꽃술 달고 나타나

몸속 가득 줄줄이 훈련된 군사
국민의 사랑을 차지한
황금알 가진 장수의 이름은?

감탄과 즐거움 주기도 한
그대들 하나하나 찜통에 삶아
인간과 동물 식량이 되기도

온몸 말라버린 그대 빈자리
바싹 마른 쭉정이만 서 있다
그대 이름 누구란 말인가?
내 이름하여 강냉이로다

산성비

창밖에 가을이 발아래 오고
색색 변한 옷 내 마음 같으랴
소리 없이 내리는 비 중국에서 온다지?

산성비 태산같이 이고 왜 하필 여길까
반기는 이 없는데 제 땅에 떨어지지
마을에 볼일 있어도 나들이 생각 없구나

팔월 열나흘

한가위 맞이할
달은 중천에
넓은 허공 누빈다

내일은 보름 술에 취해
거침없이 밤을 찾을 달
어떤 모습으로 보일까?

하나도 해결하지 못한
멋대로 살아온 나날들
발목 잡는 보름달 밤

한가위

몰래 찾아온 둥근 달
창문을 살며시 열고
할애비 얼굴 쓰다듬는

부드러운 바람 스친 손
남은 속살은 내일모레
한가위 둥근 송편이 된다

나의 뺨에 닿은 너의 손
쟁반 달이 되어
동대(同臺) 움막 위로 넘어가네

청명한 보름달
망망대해 독도에서
물에 빠진 달 건져보며
할애비 생각을 할까?

제2부

사랑 예찬

이 새를 누가 보셨나요?

푸른 들 보리밭
출렁이는 물결
보리 수염이
노란색을 띠고

어릴 적 보리밭에서
쪼르르 달려가며
교대로 날아오른
부부새 노고지리

장다리 나비같이
지상에서 고정한 날갯짓
추운 겨울 나지 않으면
결실하지 못하는 보리

겨울철 보리밭 밟기
지리 지지리 종다리 울음
찾아도 찾아도 보이지 않는
아스라한 추억의 텃새

사랑 예찬

끝없이 쏟아지는
한없는 그리움

높아진 하늘만큼
쌓여만 가는구나

그리움 참지 못해
구름 안고 떠나니

바람을 뒤로하고
산봉우리 부딪히는

애닳은 웃음소리
흘러가는 개울물

수없이 그리운 밤
너와 나 슬픈 추억

매화

하얀 설중매는
목화가 되어
휘두르는 칼바람을
견디지 못하고
눈을 시리게 하는
온난화 거센 파장

수십 년 흐르던
여울이 하나가 되어
비스듬하게 누운
갈대의 처절한 소리
몸이 움츠러드는
발길이 무겁다

가로수도
추위에 떨고
가로등도
얼음 속에 처박혀서
너의 자태
너의 영혼까지
울고 간다

목련의 꿈

매화꽃 뒤따라
목련꽃도 피네
옷은 입지 않고
하얀 꽃 피니

그래도
가슴속 깊은 사랑을
봄비는 반기며

흙탕물 개울가
산수유 민들레도
꿀벌 불러들이고

녹색의 가지
역참* 뒤에
올 줄 알았는데

지인들과 함께
꿈처럼 흘러간
세월을 탄식하며

떨어지는 목련꽃
한숨을 토한다

* 역참 : 한참 뒤.

목련꽃

석양의 길목
멀리서 오는
걸음걸음
내려 보니
마누라
닮은 모습

가까이 보니
여인은
바구니에 가득 담은
봄을 들고
하얀 목련꽃 속으로
들어가네

가야 할 자리
노을을 사랑하다
시름의 망부석 되어

텅 빈 가슴 채움을
채우지 못하고
멍하니
사늘한 하늘만
바라본다

모란

누구를 위해
사랑해 본 일 있는가?

사랑할 수 없어
모르는 당신께
달아오른 불같은 열정

풀벌레 애잔한 울음
그만. 그만. 뚝. 뚝
나가자빠지는
먼발치

모란이 송이송이
붉은 피를 토하고
벙어리가 되었다

지난 것은
그리움이고 사랑이다

별을 닮은 황금꽃

별이 없는 내 작은 움막에 글도 쓰고 한철을 지내다 보면

먼저 매화꽃부터 시작, 감나무 꽃, 대추 꽃, 도라지, 해바라기 등 여러 꽃들이 계절을 바꾸어 간다

그중에서 별로 인정받지 못하는 꽃 비유로 늙은 호박꽃을 말한다

나는 호박꽃이 좋다 벌과 대화를 하고 버릴 게 하나 없는 알찬 호박꽃

뜨거운 태양 아래 변함없는 얼굴로 나를 외롭지 않게 하여준다

호박꽃 별을 닮은 호박꽃

성은 박이요

호박꽃은 낮에만 피고
박꽃은 저녁에 핀다
같은 꽃이라도
호박꽃은 황금색
박꽃은 흰색

돌담장 해 뜨면 호박꽃
초가집 기슭 해 지면 박꽃
호박꽃 박꽃 술래잡기한다

배롱나무

고흥에서 순천 오는 길
비 내리고 바람 부는데
도로변 배롱 꽃물결이

리틀엔젤스 부채춤만큼
아름다운 황홀감
온몸 전율이 스며온다

악사 없는 무대
온 세상 배롱 축제
관중은 오가는 운전자

순천 배롱 꽃 가로수
바람에 몸을 맡겼다

불씨

사람이 그린 그래프의 높낮이
조그마한 불씨 한계점까지
공간을 향해 활활 세월을 태우고

내려올 땐 서서히 풀죽은 옷자락
남은 것이 재가 되어 바람에 날린다
인간의 삶도 태어나 웃고 기고 걷고

두 발의 꼭짓점 지나면
두 발 + 지팡이 = 세 발
마지막 네 발로 기다가
자연으로 쓸어보자

탐 진 치를 못 벗어나
있고 없고 배우고 못 배우고
탐탐* 가지고 갈 것
나도 마찬가지인데

* 탐탐 : 욕심, 재물.

육지 같은 땅 1

노곤한 할미
피로에 졸고 있다
게 구멍 깔고 앉아
일어나지 못하고

출렁인 바닷물
어느새 퍼마시고
뒤틀린 숨구멍
그림같이 뚫어
오지 못할 진창만 남아

노후된 구호선
이름은 좋다만
상처뿐 조각조각
어느 때 치유 받나
지나간 아픈 상처
푸른 물에 의지한다

육지 같은 땅 2

주인 없는 폐선
방파제 밀려나와

띄엄띄엄 누워 있는
닻을 내린 어선들

부르지 않아도
밀물이 들어오고

쓸려간 썰물소리
만나지 못할 벗이여

살아 있는 바다

물 빠진 서해 갯벌
그림 같은 땅구멍

대부도 제부도
진창으로 연결되고

푸른 물 악을 쓰고
흰 거품 가슴 치던

서해의 거센 물
육지가 되었다

무진장 넓은 땅
자연이 살아 있고

꼼작꼼작
갯벌이 숨 쉰다

대한(大寒)

북극에 얼음이 녹아내린다지
어릴 때 동무들과
저수지에 가 썰매 타고

돌팔매
얼음이 아파 찡 찡 찡
소리 내며 울었다

돌은 또르르 구르며
멀리 얼음 지친다
싸락눈 감나무 잎 때리면
간지러워 속삭이던

얼음 지치다 물에 빠져
옷을 흠뻑 적신 채로
짚단에 불을 피워 말리다
검정 고무신과 양말을 태우고

벌벌 떨며 시린 맨발로 집에 가면
어머님께 혼쭐이 나던
아련한 개구쟁이
창문 밖 여울이 아롱지다

겨울

물이 얼어 빙판을 이루었다
휘두르는 칼바람 못 견디어
눈을 시리게 하는 빛의 줄기
여울은 하나가 되었다

눈은 내리지 않고 갈대만 울고
움츠린 사람들 빨라진 발길
아파트도 추워 떨고 섰다

가로등 얼음 속 박혀 고함을 지른다
청둥오리 떼는 어디에서 자는지
나도 나목처럼 서서 벌벌 떨고 있다

동우(冬雨)

비가 내린다
어둠을 헤치고

방긋 웃으며
몸속으로 스며온다

사랑하던 옛 님
봄맞이 가자고

하얀 눈

춘삼월 눈이 나린다
벚나무 줄을 지은 도로
하얀 눈 내리는 봉황로(路)
만개한 꽃비 내리고
아련한 비포장
자전거 통근 길이었던
코흘리개 친구와 그곳을 가본다
꿈같은 옛이야기 줄을 이어
텅 빈 벽지학교 낡은 건물만
그나마 본교와 합친 아쉬움
뭉클한 가슴
학생은 없고
운동장 풀밭 되어
토끼 고라니 노닐다 갈까

불덩이

낮을 잡아먹어
캄캄한 배 속이다
어둠을 잡아먹어
밝은 전등으로

푸른 나무는
검은색으로
보일락 말락

자연이 하는 일
뉘라서 막을까
가슴 뜨겁게

내 님 마음도
뜨겁고 차다
또 하루를 사부작 그린다

영원

영
원
영원한다는 것

바
람
바람 스친
것을 알지 못하듯

이것이
영원이다

순간은 져질 수
있지만

영원은 질 수 없는
것이다

제3부

무게

무게

세월을 걸터앉은 삶의 무게여
돌아보니 아무것도 보이지 않아
다람쥐 쳇바퀴 돌듯하다 허송세월 보내고

동짓달 긴긴밤 울고 가는 고라니
붉은 팥죽 옹심이 수없이 먹었건만
파도가 발해이산* 하니 동대 움막 낙화로다

* 발해이산 : 拔海移山. 산이 바다로 옮겨 간다.

크게 울었단다

음력 유월 한가운데
땀과 피, 양수 범벅으로
어두컴컴한 방구석 산파도 없이
혼자서 산고의 몸부림치며
대자리 방바닥에 나를 낳을 때
양손 움켜쥐고 쪼그린 다리
나는 크게 울었단다

흉년 들고 쌀이라곤 왜놈들이 강탈해가니
어떤 고통보다 배곯은 고통만큼이나 할까
보리죽 개떡 피죽* 쑥 뿌리 피사리*까지
짐승보다 못한 삶 질긴 목숨 연명 위해
몸조리도 못하고 퉁퉁 부은 몸 치마로 감추고
보리타작이며 모내기 한창 바쁜 철
왜 하필이면 42년 6월 15일인가

어머니 속옷바지통은 한가운데 찢어진 삼베 속옷
풀 먹인 꼬장주* 사타구니 살이 닿아 피가 났다니
해방맞은 기쁨도 잠시 6 · 25 전쟁으로
피란 갈 생각 또 울고
휴전은 될 때까지 말린 꽁치같이 자라온 나
어머님이 들려준 이야기다

왜정, 해방, 6 · 25, 4 · 19, 5 · 16
62년 6월 24일 내 나이 스무 살 대학 2학년
어머님은 파상풍으로 돌아가시고
65년 청룡부대 월남전 참전
한생을 이렇게 살다 보니
지금도 고엽으로 시달리고 있는데
어찌 울지 않았겠는가
큰소리로
큰소리로

* 피죽 : 나무껍질.
* 피사리 : 경상도 지방 방언. 직미로 벼과에 속한 곡식. 좁쌀처럼 생겼다.
* 꼬장주 : 경상도 지방 방언. 고쟁이. 한복에 입는 여자 속옷의 하나.

황간역

역마다 쉬어가는
증기기관차
그날
황간역에도 눈이 내렸다
비좁은 의자 한자리 합석한
아름답고 이름 모르는 새
단정하고 부드러운 깃털
흰 칼라에 검은 두 줄
황간역에서 놓치고 말았다

날아간 새가 아롱거려
충청도 산골 외딴 오지
구름도 쉬어 간다던
추풍령 지날 때마다
눈이 돌아감을 어쩌랴
함께 내리지 못한
안타까움만 사무치던 후회

1962년
용기 없던 사내
대학 2학년 겨울방학
한없이 불편한 교통

황간역 지나칠 때면
가슴이 설렌다

그 새도 지금
늙은 할미새가 되어 있겠지?
붙잡지 못한 날개
버리지 못한 그리움으로
그미
금강 물 따라 흘러갔을까?

시집(詩集)에 아버지에 대한 글을 쓴 일이 있는가?

어머니 보고 싶어요
어머니 그리워요
갈라진 손등 눈물이 나요
어둠 속 동구 밖에 기다리시던
어머니 애절한 추억들이
꿈에라도 잊혀질리요
엄마의 사랑
내가 엄마가 되고 보니
더더욱 생각이 나고 눈물이 납니다

아버지
아버지에 대한 글은 너무 없습니다
어머니는 많은데
아버지는 왜 그럴까요?

딸도 아들도 엄마
기둥 같은 아버지 무서워서
아니면 대화가 적어서
이해가 가지 않는 대주 아버지

내 작은 움막 잠자리 옆에
아버님 회갑 때 찍은 사진이 걸려 있습니다

식사 때마다 먼저 아버님께 상을 올리고
내가 식사하는 일이 생활 습관이 되었습니다

내 나이 고희 중반에도
톨스토이 셰익스피어 아리스토텔레스
부럽지 않은
가장 존경하는 나의 아버님

아버님

감사합니다
아버님 크신 사랑에
문학을 알았습니다

아버님 걸어온 젊은 나날들
어릴 적 보아 왔습니다
아버님 주신 사랑도

아버님 넘지 못할 보릿고개
저는 아버님같이 주신 사랑
자식한테 반도 주질 못했습니다

아버님
저는 너무 바보처럼 살았습니다
변명은 않겠습니다

아버님 사랑에 자라온
제 나이 칠십 중반입니다
아버님 존경합니다

오늘 사랑하는 제자들과
술을 한잔 마셨습니다
깊숙한 말을 토해내어
마음이 후련합니다

꿈 꿈 꿈

나이가 얼마요?
왜요
젊어 보이니까

올해 내 나이 100살이요
댁은 얼마요?
저는 1살입니다

100살=1살은 같지요
100도 찰나
1도 찰나

생각해보시오
뭘 하겠소?
나도 몰라

서리

거울이 나보고
웃고 있다
나도 따라
멋쩍게 웃는다

서릿발
무성한 머리
골 깊은 이마
주름살 뒤덮인 안면

거울을 보고
내 나이가 얼마인지
오늘이 며칠인지 물어보니
그저 허탈하게 웃는다

그 웃음 속에 내 나이가 있고
내 얼굴이 있고
내 인생이 있다

언제부턴가 그런 거울이 싫어서
자꾸만 멀리하고 산다

인생 역경

살다 살다가
삶의 무게를
들어보고 달아도 보고
크고 작고
길고 짧고
높고 낮고
많고 적고
멀고 가깝고
있고 없고
강하고 약하고
춥고 덥고
직위 재산
변함없는 시간
인생행로

나이

똑같다
그대가 하는 일
좋아 보였어

나도
그대처럼 해보니
똑같다

남이 하는 일
다 좋아 보이지만
막상 내가 해보니
똑같다

우리네 인생
살아가는 것도
눈금 하나 차이

가진 것 있고 없고
배운 것 있고 없고
똑같다

약봉지

하늘과 땅 사이
작은 벌레 한 마리
꼬물꼬물
산길 들길 다니다
말라버린 윤활유

무리한 운행
마디마디
소리 나고
망가진 부품

가다 지치면
쉬어나 가지
아무리 가도
하늘땅 사이

서산에 걸린 해 보며
애절한 바람
적으로 찾아온다

물소리

네가 뭐 시인이라고
냇물도 술 취해 비틀
너 발걸음 바로 가는가?

물소리 웃기는구나
나쁜 연놈들
쓰레기처럼 살지 마라

돔 집을 보고
아리수가
야단 치고 흘러간다

만약

하늘이 백지라면
별들을 불러 모아
우주의 글을 쓰고

지구도 백지라면
나는 볼펜이 되어
자연의 시(詩)를 쓰리다

내 발걸음 잉크가 모자라면
손가락을 깨물어 붉은 피로
아름다운 시(詩)를 적어 보며

창 너머 수많은 아파트 불빛
가슴에 모조리 담아
깨알 같은 글씨로 시(詩)를 쓰리다

낙엽처럼

수없이 짓밟히고
널브러진 낙엽의 잔해

비바람 젖고 부서지고
아픔을 참아가며
당신과 함께라면

환생을 그리며
슬픈 눈빛으로
한 시간 86,400초
세월의 초침 헤아리고

어떤 고통이 오더라도
지나간 향기로 알고

바람에 떨어지는
노란 은행잎
나의 윤회인 것을

거꾸로 선 가로등

서산 노을
햇빛을 끌고 가니

수변 천 가로등
물에 빠져
허우적거리다

불빛 건져 올려
바로 세우고 싶지만

천변 불빛
짝을 잃어버릴까
두려워서 떨고 있다

야금야금 어둠을 잡아먹은
아파트 불빛
전등 하나 둘 빛을 토한다

밉상 외손자

요놈 봐
이제 십팔 개월 된 놈이
장난이 꽤 심하다
손주가 먹은 포장지며
그가 배출한 기저귀
우유 유산균 병까지
다용도실에 둔 분리수거 통에
찾아가서 버린다

말은 아직 하지 못하고
의사 표시는 확실히 한다
어찌나 빠른지 혼을 뺀다
TV 노래 나오면
정신없이 흔들며 춤을 추고
발을 세워 문손잡이 잡고
문도 여닫는다

겨우 한다는 말
엄마. 물. 약. 귤. 빵. 바나나. 멍멍. 이놈. 시우.
아무리 가르쳐도 아빠라는 말 하지 않고
할비 할미 아빠도 엄마 하며 안겨온다
모두 다 엄마다

냉장고 안에 먹을 것이 있음을 알고
식성이 좋아 팔을 잡고 끌고 간다
귀엽다 누굴 닮았는지 귀여운 재롱
외손주 시우 곁에 있으면
절로 웃음을 토해낸다

낙동강

태백산 황지에서
낙동강 칠백 리 길
굽이굽이 돌아
산 돌고 바위도 돌아
쉼 없는 호작질

산 설고 물길 선
멀고도 먼 길
어디로 갈까나?
그대 찾아 하구언
온갖 시련 다 겪고
바다와 만났지

한 생명 만나기
이다지 어려운데
따로따로 만난 연
한 무리 되어
새로운 생명체
태어나게 하나니

꽃

꽃은 어떤 꽃이든
예쁘다
어린 애기들
누구나
귀엽고 사랑스럽다

손주 손녀
사랑스럽지 않은
할애비 할미
어디 있으랴

눈에 넣어도
아프지 않을

예쁜 손주 손녀
귀여운 꽃

지워버린 이름

사소한 일로
대화 없다 보니
저장된 번호
무거운 것 아닌데
이름 세 글자 지우고 말았다

상종하지 못할 사람
처음부터 만나지 말아야지
잊어야 할 사람
저장해 둘 필요가 없다

가슴 깊이 저려오는 아픔
뽑아야 할 가시
오랜 기간 손전화 속 자리한
허무함 약속하기도

몰랑한 가슴 단단히 박혀
아픔이 오기에 없애야 할
저장된 이름 저장된 이름
마음먹고 지워 버렸다

지워도 가볍지 않고
서운하면서 차가움이 밀려오는
점차 잊혀져 갈 그의 뒷모습
하얀 그림자 뒤로 전화벨 소리
뭉게구름같이 떠돌며 가는구려

고향으로 가는 철새

하나뿐인 낙엽 잠 깨우고
흘러가는 냇물은 똑딱똑딱 뱃전을 치고
사랑은 갈 곳을 잃어 방황하고

보이는 여울은 요리조리 손을 잡고
그리움을 거꾸로 처박은 물속으로

검은 밤을 혼자 지키는
붉은 불은 밤을 데리러 나서고
철새는 보금자리 찾느라 분주히 떠난다

제4부

조개와 학(鶴)

고맙습니다

유산을 어문으로 내려주시고
논밭 일을 시키지 않은
전쟁과 보릿고개
아버님 은덕으로
엄청난 유산상속 받은 우리글
눈뜬장님 만들지 않은 부모님 유산
서울 땅속 거미줄처럼 깔린 지하철
방향과 목적지 안내 글을 모른다면
장님이 되어 어디로 찾아갈까?
멍텅구리 면한 한없는 유산
수천 억의 재산보다 귀중한 우리글
아버님 정말 고맙습니다

소쩍새

하늘이 맑다
중천에 둥근 보석이

규수 주위
도련님 하나둘 서성인다

차가운 밤
오랜만에 본 보석

이별 서러운 소쩍새
밤새도록 울고 가네

조개와 학(鶴)

조개 입안에 들어간
버러지 한 마리 꿈틀댄다
학은 빤히 쳐다보고 있다
학은
조개 입 벌리기만 기다리다
조개는 입을 다 벌리지 않고 반쯤
학의 부리가 조개 입안에 들어오면
조개가 학의 부리를 물고 늘어진다
막상막하
조개 사(死)
학 사(死)
서울 한가운데 폭력이 난무하는
과연 법이 있는지 무법천지
공권력이 실추된 국가
조계사 조계사는 뭘 하는 곳인지?
이 나라 걱정 서럽다
망국지탄(亡國之歎)

검무(劍儛)

기생 운심(雲心)
사늘한 경부선 철길 오르내리는 바람
깊숙이 빠진 골뱅이 바위 아래
열차는 소리 내어 달리고
상동면 안인 신안마을
형체만 남은 묘지 먼지만 일어난다
찬 바람이 통곡하는
골짝 아래 스며드는 냉기
서까래 얹어 풀이라도 덮었으면
칼날이 선을 그려 보일 듯 말 듯한
아름다운 자태
알아볼 수 없는 봉분
외로운 판자 표지만 반겨준다
어느 누가 돌봐 주랴
골짝에 잠든 검 춤의 명인을
유언대로 묻힌 영남대로
고향 역 철길 내려 보며 안인에 잠들고
백골이 검을 들어 나비 되고 제비가 된다
영조대왕 조선21대 재위
오랜 세월 이제야 찾는구나
운심의 칼춤 보려
한양 권문세가 자제 벌 떼처럼 오더니만

영혼이 찬 바람 되어 찾아오기나 할까?
뭇 남정네 가슴 울린
돌아가는 가녀린 허리와 미모
조선의 3대 기생보다 다른
사랑도, 문장가도, 의기도 아닌
황진이, 매창, 운초와도 다른 검무의 여인

허공

새가 날 수 있는 높이는
얼마나 될까?
추운 겨울 자유로이
날아다니다
마른날 벼락이 친다

탁 소리와 함께
아무것도 모르고
땅바닥에
내동댕이쳐지다
기절한 몸
피투성이가 되어

살기 좋은 나라
돈벌이 왔다가
인간이 올려놓은
건물 유리창에
하늘인 줄 알고
통유리 들이받아

마음 착한 딸아이
119 전화 한 통

구조대원 하는 말
어미 직박구리
조류 병원 가 꼭 살아야

고라니

어째서 움막 앞
애타게 울지
밤눈 밝은 고라니
자다 놀라 외등 켜니

불빛에 놀란 가슴
방향 잃어 달아나며
검은 밤 찾는 짝
어디에서 만날까

밤이슬 맞는 우렛소리
가슴 아픈 사연
산천에 울리고
꽁지에 불나게
어둠 차고 달아난다

어변당 은행나무

얼마나 그리움 쌓여
속 쓰리게 참아온 나날
까맣게 속이 타

얼마나 만나고 싶었으면
눈물바다 되었을까
참아온 날 검게 타버린 속

보고 싶어 가슴에 멍이 들고
암 같은 응어리 생겨 아픔을 참아 왔다
하늘 붙잡고 바람 모아 애원했음에도

수백 년 살아온 보호수
벼락을 맞았다
죄란 긴 세월 살아온 죄

속은 숯덩이 터널 되고
끈질긴 생명
푸른 잎 돋아나네

고깃배 갑판

벙어리 벙어리
반벙어리
듣지 못하는 벙어리
뱃소리 통 통 통
눈치와 상대 표정만 보는
두갑이*의 미소
들리지 않는 파도 소리
한 많은 너의 목소리
뱃전에 울려온다

* 두갑이 : 말 못하는 갑판사 이름.

수산제

우리나라 3대지(池)
신라 진흥왕 때

제천 의림지*
밀양 수산제*
김제 벽골제*

사료에 전해오는 못
아직도 표본이 되어
지역 문화 으뜸이네

* 의림지 : 신라 진흥왕 원년에 축조한 저수지.
* 수산제 : 삼한시대의 대표적인 저수지.
* 벽골제 : 백제 비류왕 27년에 축조한 저수지.

어정(御井)*

신라 법흥왕 드시던
임금님 어수
왜 이래 문화재 관리가

국농소 노를 저어
연꽃 헤치며
어정까지
물 길러 가던 신하들

표적도 무너지고
관리는 엉망이라

어정이 있는 곳에
풀 헤치고 찾아보니
샘가에 무성한 잡초

올챙이
한가롭게 놀고 있다

어정 위에 공단 조성
어디가 어정인지

안내판 하나 없이
문화재 이름 아까워라

* 어정(御井) : 경남 밀양시 하남읍 수산(귀명리)에 있는 우물.

돔 집

2016년
사월 열사흘 밤 열두시
지루하게 끝났다

망할 놈 집안싸움
독하게도 역겹더니
개도 소도 웃는다
언제부터 애국자냐

누구를 선택할까
내 손으로 택한 후보
도둑놈 만들어준 내 죄

돔구장 들어가면
누구나 씨름 선수

텅텅 빈 의자 아래
나라 걱정 뒷전이고
줄줄 새는 혈세
의논 좋고 좋아

나무 위 올려놓고
마구잡이 흔드니
국민들 어찌할꼬
재롱떠는 광대들아

용지호수*

노오란 은행잎 나비같이 날아들고
잘 꾸며진 용지 공원 호수
산책 나온 사람 어린이집 아가들
시내 중심지 관공서 밀집된 여기에
이곳 피와 땀을 얼마나 흘렸던가?
상남 해병대 훈련소 해병 탑이 반겨준다
용지 못 땀과 눈물이 고여 호수가 되고
공원 입구 이은상 선생 가고파 시비
황선하 선생 이슬처럼 시비 지나는 발길
아름다운 산책길 잘 되어 있다
세월이 변하여
옛 생각 발길이 무겁고
나라를 위해 용지호수에 잠긴 인간도 아닌
뻘 가물치 물메기 되어
해병대 후반기 보병 훈련장
기합을 어찌 말로 다하랴
천자봉 행군 땀과 눈물 적시고
무적 해병이 되기 위해 견뎌야 했던 훈련
아무나 해병대 갈 수 있다면
나는 결코 가지 않았으리
우리들이 부른 힘찬 군가 지금도 생생한데
아름다운 창원 중심의 쉼터 용지공원

마왕의 구령 소리 추억의 눈물을 담아
용지호수에 빨려든다
불모산 돌에 새긴 무적 해병
비바람에 지워져 버렸다

* 용지호수 : 창원시 의창구 용지동에 소재한 조선시대 호수.

꼴사나운 정쟁

선거 안 해본 일이 없는데
이제 불참해야겠다
내가 투표한 잘난 놈들이
당선이 되면

국가와 국민을 위하여
봉사할 줄 모르고
하이에나 무리에 들어가
서울 한강변 어느 돔구장에
먹이사슬을 두고 물고 뜯어
싸움 떨어질 날이 없다

싸우는 꼴 진저리가 나서
TV 전원을 시간 맞추어 끈다
어두운 브라운관 안에서
싸우든 말든
미래를 볼 수 없는 입법부
기권도 나의 자유

돌 할아방

바로 보면 웃고
옆으로 보면 화난 얼굴
뒤에서 보면 영락없는
발기한 남성 성기

제주4 · 3사태 생각하면
풀 죽어 일어나지 않겠지?
격동기 겪은 지난날 상처

제주는 일어나고 있다
하루가 다르게
제주는 발전하고 있다

망령

인간이 어찌
인간의 탈을 쓴 악마
꼴이 아깝다

개만도 못한
왜놈들
야욕은 후쿠시마
히로시마 벌 받고

짐승도 함부로 몸을
놀리지 않는데
강점당한 국민들
설움 분노 눈물을

철모르는 소녀들
일제 때 태어나
나도 듣고 알고 있다

무자비한 총살
병들고 망가진 육신
죽어 귀신 되어
영혼으로 귀향한

위안부 할머니들
뼈 속의 아픔을
누가 변상하랴

융건릉

한 능선을 두고
부자 간
따스한 빛을 받고 있다
잘 가꾸어진 능
효심이 천문을 연다

가까이 이생과
저승의 역사를 알리며
홍송과 굴참나무
다정히 서 있고

피로 얼룩진
조선 22대 한 맺힌
정조대왕의
눈물이 서려 있다

노론 소론의
당파 싸움의 희생양
사도세자
벚나무가 굴참나무를 껴안은
지나간 역사를 말하여
마음 아프게 한다

길가 누가 보듬은
나무를 보았겠는가?
용주사
염불 소리 가슴에 울려옴을…

범종

밤새 헤매다 어둠을 밟고
그만 자고 일어나라고

밤을 여는 새벽 종소리
잠을 깨운다

움막
30초 간격 10분간

절간 종소리 땡— 땡—
시계는 새벽 4시

산속에서 들려오는 파장
무엇을 뜻함인지

여명의 짧은 줄 당겨
긴 밤을 몰고 몰아

새벽을 초대하며
또 속아보란 말인가?

새벽종

어둠을 열고
눈을 떠라
울려오는 새벽종
둥— 응 둥— 응 둥

사시
예불 종소리
울려오는 파장

누구를 위함인가?
여명의 줄을 당기고

축생구제
종소리 잠을 깬다

마음

구름 속 샘터는
새들의 합성 교실

깃발 소리
창공의 아우성

어디서 어디로
잊은 생(生)의
무인(無人)이

제5부

가야

금관가야 1

남서 방향에 작은 6성(六星) 내렸다
그중에 빛나는 금관가야 별
우장에 내리는 영롱한 구슬
삿갓 아래 빛이 난다

신라와 백제 사이에 끼여
황톳물 빠르게 수로를 따라
가야의 기름진 평야 김해
낙동강 하구언 언저리
바다와 만나는 자리가
아유타야 떠나 멀고 먼 바닷길
눈부신 연꽃 한 송이 나타나
수로와 결혼한
인도 남부에도 아유타야
태국 남부에도 아유타야
어느 아유타야인지 본 사람 없어
장유 화상과 역사로 내려오는 가야사
금관가야 탄생하고
철기 문화 농경지 어업 무역까지
일곱 아들을 키워 득도하였다나
만장대 정상
혜은사 앞 김수로왕의 내외분 영전

갈대와 수련의 옛날이야기 들으며
멀리 평야와 바다를 바라보고 모셔져 있다
옛적 바다였던 자리 가슴속
수많은 차량이 달리는 도로며
숲처럼 우거진 시멘트 빌딩 숲
바다가 가려져 있고 떠나온 고국이 그립다

* 구지봉 : 「구지가」는 우리 문학에 기여한 공이 자못 크다. 「구지가」는 민족 문학 창조적 원천이고 가야의 문학 수준을 나타내는 기록이다.

금관가야 2

— 금관의 멸망

철기 문화 발달로
낙동강 이용한 풍부한 어업이며
농산물 부러울 것 없이 살았다
철기 문화 활발한 무역으로
금관가야는 행복한 삶을 영위했으며
배부르면 잠이 오는 법

임나에 사무실 둔 왜인 청나라까지
철기를 몰래 배워
한걸음 진보한 무기를 만들었지

백제 신라 틈바구니에서 살아온 육가야는
금관의 수로왕으로 옹립하였고
가야 마지막 왕 10대 구형왕까지

신라 백제는 가야를 넘보았다
금관은 신라에 나라를 진흥왕께 바치고
구형왕의 증손 화랑 유신도
대가야 우륵도 신라의 백성이 되었다

육가야 돌아가며 하던 왕의 순서도
미상이 많았다

금관가야 3

황산강* 유역
구야국*이 꿈틀
장엄한 바다
파도 소리

하구언
어업과 무역 활성화
이웃에는 작은
골포*국 비자가야* 미리미동국*
해상 무역의 중심지
크게는 신라 백제 일본 청 명과도
무역*을 하였다

기름진 평야
농경문화의 발달과
철기문화의 발달로
가야의 종주국
외세의 침략에도
강력했던 금관가야*

* 황산강 : 낙동강 이전의 이름.
* 구야국 : 금관가야 이전 이름.
* 골포 : 웅천, 진해, 합포.
* 미리미동국 : 밀양.
* 비자가야 : 창녕.
* 무역 : 구포 기점으로 조만포, 범등포, 장유, 율하.
* 금관가야 : 해상교역으로 발달하였으며, 대표적 유적으로 김해 봉황동 패총이 있다.

금관가야 4

— 금관가야의 치욕

가야의 마지막 10대 구형왕
신라 법흥왕에게 가야를 선양했다
밀양 초동면 곡강 이궁대에서
나라를 바친 그 심정
백마강에 몸을 던진 삼천궁녀들 생각났으리
가야의 백성들 길에 엎드린 통곡 소리
아직까지 들려온다
산청군 금서면 화계리 산1번지
나라를 바친 왕 무덤 흙 아닌 돌
넓고 큼직한 겹겹이 쌓인 돌무덤
월안까지 돌 원을 만든
색 변한 왕 무덤 천년 가슴을 치는구나
마주 보는 두 쌍의 망두석 초라한 비석
여기저기 슬픈 까마귀 울음
적막을 깨우며 물 따라 흘러간다

대가야 1

고령은 분지로 형성
동쪽 신라와 서쪽은 백제
북쪽 고구려
틈새 대가야가 있었다

금관국 왕 내질 청(수로왕)
대가야 내질주일(이진아시)
천신과 산신의 교감에서 탄생

정견모주
정견이란 불교에서 팔정도 중의 처음으로 보고
모주 성모에서 비롯된 말

천손 유입 설화에 단군설화 주몽 박혁거세 설화
우리나라 근 한을 이루는 것으로
태양의 분신인 산신에 의해 국왕 탄생되고
개국시조 이진아시 천손에 의해 세상 통치

근원은 가야산에 두고 대가야 중심으로
천신과 지신 기본 요소 천신보다
산신을 적극적으로 볼 때

천신족 유민인 집단보다
지신족 토착 세력 강했다

479년 고령 대가야 왕이
남제와 통교해 보국 장군
보국왕의 제3품에 해당하는 벼슬을 받아
독자적인 가야의 지배세력 등장하였다

대가야 2

설화에 천신의 요소가 나오긴 하나
강림 여부가 분명하지 않고
단순한 감응에 그치며
가야산의 근위가 앞서고
삼한 시대 토착 세력 중시

전기 가야연맹의 연맹장이던
금관국 수로왕 시대부터 형제관계 자칭한 점으로 보아
대가야 표방 주변 지역 전체 정통성
계승하고자 한 것 알 수 있다
삼국유사 2 기이 편 가락국 난생설화
처음 나타난다고 수로라고 하고
나라를 대 가락 또는 가야국이라 하니
대가야 중심의 하나라고 하는 부분과
남은 다섯 사람 각각 돌아가서
5가야의 임금이 되었다나

가야 지방의 유력한 부족 국가의 옛터에 비정함으로서
가락국과 대가야국을 가야 연맹의 맹주로 본 것이다
백제와 신라 중간 협공에 지탱하기 위해
강력한 가야연맹 형성
6가야 형제국 유대를 공고히 하기 위하여

이루어진 설화가 아니겠는가
가야 지역 제일의 성산인 가야산 숭배하던
고령 토착화 세력과
연관성 중점 신 동국여지승람 설화 인정

대가야 3

— 내세관

4세기 말경부터 6세기 중엽 멸망까지
자주적 발전 대가야
가야시대 묘제와 함께 순장이 행해졌다는
지석묘 하부 구조 석관묘 계승적인 형태로 보이는
지산동 고령 지역 여러 묘 형식
묘제 가운데 주류를 이루는
수혈식 석관묘를 보면 알 수 있다*

석곽묘
신라 시대 석곽묘 전통 삼국 시대 거쳐
경상도 지역 기본묘제 발전

고령 지역 수혈식 석곽묘 규모에 따라
소형 대형 구별할 수 있다
순장 묘는 사후세계 주인의 생활 받들도록
사람 가축을 죽여 함께 묻는 풍속 알 수 있다

지증왕 3월 봄에 명하여 전왕이 죽었을 때
남녀 각 5인 순장 금지 삼국지 부여 전에도 보인다*

형혈식
먼저 뚜껑을 덮고 봉토 쌓은 다음 현실의
연포 윗부분 석벽 쌓아 조성하였다

* 현재 묘제 704기로 파악.
* 많을 때는 100인까지 순장하기도 했다.

대가야 4

— 멸망

금관가야 대가야
왕후사와 장유화상 칠불암 관계
가야가 멸망한 대외적 요인은 백제와의
국제 교역 실패와 백제 수완에 눌려
자국의 배후 세력 상실한 것이다

대가야의 적극적 일본 진출로 인하여
국력이 분산되고 문화면에서
지속적인 발전 축적 결여
가야 제국의 통합은 더욱 어려웠으며
멸망의 한 요인이 되었다
대가야가 친 백제 친 신라로 나누어지고
관산 전투에서 백제 성왕의 패사로
대가야 망하게 되었다

이진아시-도솔지 왕 16세 520년
신라 진흥왕에 멸하고 그곳에 대가야 군을 두었다
신라 경덕왕 때 고령군으로 개편하고
가야란 인도의 범어 우(牛) 소를 말하며
인도 부다가야 6가야 명칭도
또한 가야산의 이름도 우두산이라고 하기도 하고
인도 불교의 영향을 받지 않았을까 한다

아호랑국 1

— 함안

마한을 머리에 이고
변한과 진한의 틈새
6가야 중 한나라
아라가야

금관가야와 대가야
사이에 끼여 양 가야가
침공을 틈틈이 노리는 가운데

청동기 문화 형성하고
철기 문화 유입으로
부족 간 전쟁
정치적 연맹체 발전하여
속국을 통합, 아라가 되었다

동쪽은 황산강
서쪽은 섬진강
서북은 지리산 동북은 가야산
남쪽은 진동 거점으로 무역활동하고
지형상 남쪽이 높고 북쪽이 낮아
분지에 물이 거꾸로 흘러간다

북서 황산강 남강 합수
비화가야* 의령
남으로 골포국* 경계
농업을 기반으로 생활하였다

*비화가야 : 현재 창녕.
*골포국 : 현재 창원.

아호랑국 2

삼한시기 변한에 속했던
12개 나라 중 하나 기원전 1세기 말경
칠원 지역을 제외한 함안 지역 형성
변 진한 국
함안 지역 고인돌의 분포로 보아
4개의 정치 집단 조성
위만 조선 몰락으로 유민의 남하로
진한과 변한 형성
안야국은 청동기 시대 고인돌 분포 1~3세기
가야읍 군북 지역 안야국 중심
변한 제국 중국과 교역 선진 문물 수입
포상팔국의 전쟁 아라가야 인근
골포국의 여러 나라 내륙 진출 아라가야 승리
신라와 백제 관산성 싸움 때 백제 지원
백제 패함으로 큰 타격을 입고
신라가 가야 침범으로 멸망
함안군으로 칠원도 함안군으로 편입

임나가야
임나는 일본영사관 역할을 하며 육지 교두보와
무역을 하고저 설치한 일본의 부(部)가
함안에 설치된 것으로 사료된다

아호랑국 3

함안은 남쪽이 높고 북은 낮은 지역
하천이 남북으로 이루고 물이 거꾸로 흐르는 땅
풍수상 반역의 고을 많은 설움을 받았다

여항산 아래 배가 다닐 수 있고 낮고 좋은 곳
함안은 양반들 지배 세력 고려 말 조선시대
훌륭한 어른들 많이 기거하신 곳이기도 하다

고려 동이 오선생 함안에 은거 담장 밖은 조선이고
울안은 고려라는 유명한 말씀 전해 내려온다
함안은 분지로 사방이 마산 창녕 칠원 군북 진주
낙동강 완만하게 휘어져 흐르는 하천의 특색으로
토사의 퇴적 천정천 사천천 범람
대산면에서 낙동강과 합수한다

삼국유사 함안의 변천사
아라가야 아야가야 아시랑국 아라국 안야국 안라
불리어졌다
삼별초 군 함안 마산 합포 지역 몽고의 군사 군함 살육
몽고의 강력한 공세 대몽 항전 수그러들고

공민왕 22년 군으로 승격 조선 리 면 제도 하부조직 운영

칠원도 조선 전기 면리제가 존재 후기 면으로 형성
함안은 아라가야의 많은 유물이 있으며
진주 마산과도 가까워 교통의 요지이기도 하다

*『아라가야 역사 읽기』(남재우, 경남문화 刊) 참조.

소가야 1

— 고성

수로왕의 막내아우 김알로 소가야 건국
고성은 비옥한 농토와 바다가 가까워
농수산업이 원활하였다

가야 연맹으로 고자미동국 737년
효성왕 때 고자군으로
신라 경덕왕 때 고성군으로 변경되었으며
고자는 성(城)을 뜻하는 우리말의 고어이다

고성 중심 사천(사물현) 진주의 동쪽 지역까지 포함하였다
삼국사기 신라본기 내해 이사금 14년 포상 팔국 침략
물계자 열전에 따르면 골포 칠포 고사포 포함되었고

6세기 이전 신라에 합병된 것으로 보인다
고려 성종 때 995년 고주로 승격하고
조선시대 1895년 고종 32년 고성군으로 편입되었다

소가야 2

— 경제 · 문화

고성군 해안지대 동해 거류 하일 하이
수산업이 주종이며
고성읍 영오 영현 대가는 농업이 형성되었다
그 외 산지는 수렵도 성하였다고 한다

동외동 유적 패총 7~8개 지역
계곡과 하천에 분포하였다
장례 예식은 연당리와 율대리 토기를 깨부숴
깔아놓은 모습의 유적 분포
거류산 좌이산 선유 벽방산 천왕 구절 적석 황로봉 무의산
수렵으로 활발하였으며 송학고분 유적이 있다

고령가야

경북 상주 함창 지역 낙동강 중심으로
농업이 발달하였고 양잠 성하였다
가야 연맹 중 한나라

삼국사기 지리지 고령군조에 보이고 있다
고려시대 함녕이라 하였고

함녕은 경북 상주 함창읍 경북 의성까지 포함
신라에 부속되기 전 독립소국
후대 고령가야 붙여졌다

성산가야

가야산을 안고 농업과 수렵으로
부족 사회끼리 합침
가야 연맹체 벽진가야
경북 성주 벽진은 돌, 들 한자 표기
벽들가야 벼들가야라고도 한다

삼국사기 성산군의 영현에 본래 본피 현
신안현은 고려 초에 경산부에 속하였다
신라 경덕왕 때 신안현 개칭되었다고 한다

1018년 현종 때 경산부로 환원
고려 충렬왕 때 흥안 도호부로 승주목 승격

충선왕 1310년 경산부로 가등
현재 성주군은 경북에 속하며
낙동강 유역 참외가 유명하다

비화가야

— 창녕

삼한 시대 불사국 빛벌 가야 비화가야로 내려오다 고대국 창녕 울주 언양 안동까지 진한의 12국 중 하나 삼국지 동이전 중국 사고음 한자 표기 불사국 비사벌[非火] 비불을[非自伐]로 표기하였고 가야 연맹체 6C 신라 영토로 편입되었다고

화왕산성 목마산성 뒤로 부족국가로 살아왔다
신라 24대 진흥왕은 영토 확장으로 신라의 기반을 굳건히 하고 법흥왕의 뒤를 이어 18세부터 정치를 맡게 되어 대가야 멸망시킨 후 진흥왕의 영토 확장으로 한강 상류까지 진흥왕 북한산 황초령 마운령 순수비를 세우고 말년 승복을 입고 불교에 귀의하기도 하였다 한다

창녕군 계성면 계성천을 낀 주위 야산에 넓게 분포된 삼국시대 고분군 창녕과 계성 지역 군사상 매우 중요한 위치로 차지하였음

고분군 수혈식 석곽묘 한 봉토 내 두 개 이상 다각묘 시신을 옆으로 넣은 후 마감하는 횡혈식 옹관묘 여러 종류의 토기와 금속 금은 장신구 천간(大干) 명문이 새겨진 토기 출토 삼국시대 매장 문화 중요한 자료로 되고 있다

척화비 창녕읍 교화리에 있던 것을 지금 자리로 옮김 이양사 조성비 직교리 당간지주 술정리 석탑 교상리 3층 석탑 불국사 석탑과 비교된다

석빙고 지금의 냉장고 역할

영조 18년 창녕현감 신서에 의해 조영

송현동 마애여래좌상 수인은 악마를 항복시키는 항마 촉진인 송현이 1500년 전 송현동 고분에 순장되었던 16세 소녀 순장문화 희생물로 오랜 기간 동안 잠자던 송현이가 세상 밖으로 나와 무표정한 얼굴로 복원되어 나를 바라본다 주인을 가까이 모시던 시녀로 판단하고 있다

목마산성은 화왕산의 북쪽 봉우리부터 서쪽으로 뻗은 골짜기 에워싼 산성 삼국시대 축성 성 앞면이 계곡 입구 향해 수비로 인한 산성 추측된다

고분은 5~6세기 많은 유물이 창녕 박물관에 진열되어 있네

미리미동국

— 밀양

고대 초기국가
밀양 포항 예천 용궁면
삼한시대 변한의 속국
변한12국 중 하나 삼국지 동이전 한조에
삼한 속국들의 이름이 열거되어 있다

미리는 우리말 밀의 한자 표기
삼국시기 밀성군은 본시 추화군 신라 경덕왕 때
지금의 이름으로 지정되어 왔다

추화는 밀 불의 한자 표기
불 벌(伐) 불(弗) 부리 비리 등으로 표기
평야 도읍 나라 등으로 뜻한다
신라 때 밀불 추하 밀주 밀성 밀양 지방으로 이어져 왔다

변한의 연맹체 일한으로 맹주국과 여러 형태 관계로
토착 세력 기반 3C 이후까지
개별적으로 성장 지속하다 신라에 복수되었다

유적지로는

이궁대 초동면 곡강, 신라 법흥왕과 금관가야 마지막 왕 구형왕 나라를 신라에 항복하였던 곳 두 왕이 만났다 하여 이궁대라 하고 이궁대 아래 낙동강 물이 굽이돌아 흐르는 곳이며 또한 지금은 정자 없이 무성한 칡과 잡목들 방초만이 옛 백마강 생각이 나지 않았을까 금관가야 마지막 왕이 어정 하남읍 귀명 이궁대까지 약 3㎞ 오가며 임금이 마시던 어수 승자가 마신 물은 시원하였겠지만 패자의 목타는 물맛은 뭐라고 표현할까?

신라군 초동면 반월 집결지 구령만 내리면 강을 가운데 두고 언제 일어날지도 모를 신라와 금관가야 오늘 휴전선과도 같아 마음 조아리는 병사들

덕대산성 김해평야 한눈에 가야의 움직임을 볼 수 있는 곳이기도 하다

문학세계대표작가선 778

지팡이

박희익 제11시집

인쇄 1판 1쇄 2016년 6월 30일
발행 1판 1쇄 2016년 7월 7일

지 은 이 : 박희익
펴 낸 이 : 김천우
펴 낸 곳 : 도서출판 천우
등 록 : 1992. 2. 15. 제1-1307호
주 소 : 서울시 성동구 무학봉28길 6 금용빌딩 2F
전 화 : 02)2298-7661
팩 스 : 02)2298-7665
http://www.moonhaknet.com
E-mail : chunwo@hanmail.net

값 12,000원

ISBN 978-89-7954-636-1

이 도서의 국립중앙도서관 출판예정도서목록(CIP)은 서지정보유통지원시스템 홈페이지(http://seoji.nl.go.kr)와 국가자료공동목록시스템(http://www.nl.go.kr/kolisnet)에서 이용하실 수 있습니다. (CIP제어번호: CIP2016016146)